A PROPÓSITO DE TU BOCA

A PROPÓSITO DE TU BOCA

Jaime Lorente

ESPASA ES POESÍA

ESPASAesPOESÍA

Espasa, sello editorial de Editorial Planeta, S. A.

Ilustraciones de interior: Pascual Laborda
Diseño de la cubierta: Planeta Arte & Diseño
Ilustración de la cubierta: Pascual Laborda

Maquetación: M. T. Color & Diseño, S. L.

Depósito legal: B. 3.858-2019
ISBN: 978-84-670-5501-6

Espasa, en su deseo de mejorar sus publicaciones, agradecerá cualquier sugerencia que los lectores hagan al departamento editorial por correo electrónico: sugerencias@espasa.es

www.espasa.com
www.planetadelibros.com

Impreso en España/*Printed in Spain*
Impresión: Huertas, S. A.

Editorial Planeta, S. A.
Avda. Diagonal, 662-664
08034 Barcelona

El papel utilizado para la impresión de este libro es cien por cien libre de cloro y está calificado como **papel ecológico.**

A todos mis hombres y a todas mis mujeres,
especialmente a dos.

Empezar este libro pidiendo perdón y dando las gracias es, sin duda, la mejor forma de presentarme. Perdón pido por la torpeza que me sucede en las letras que completan esta historia, por las repeticiones, por la estrategia cutre, por las palabras manoseadas hasta el hartazgo, por la copia que seguro que la hay, por lo dispar de las partes, por el sinsentido en general que es parte imprescindible de *A propósito de tu boca.* Las gracias las dirijo primero a todos estos motivos que tengo para pedir perdón –ya que me evidencian– y segundo a todas las historias que se han cruzado por mi boca y que me han permitido dar forma a todo aquello que volaba por mi pensamiento indefinidamente.

Pienso en exceso el amor y pienso en exceso el mundo, he encontrado en el verbo y la palabra la valentía que me falta a pie de calle y he convertido este poemario en mi locutorio, mi confesionario, mi vis a vis, en la conversación que nunca me atreví a tener y que necesitaba tanto, el grito al mundo que enmudecí por miedo a no ser escuchado. Por otra parte, encontrar valentía en la seguridad de unas páginas escritas me parece bastante cobarde, pero si yo mismo me contradigo día a día este libro no iba a ser menos.

A propósito de tu boca es al final de todo a propósito de mis miedos, de mis inquietudes, de mis recuerdos, de mis noches pasadas, de las personas que arrasaron, de mis sueños, de mis pesadillas, de mi madre, de mi padre, de mi tierra, de mis hombres, de mis mujeres, de mis niños y, por supuesto, del mundo.

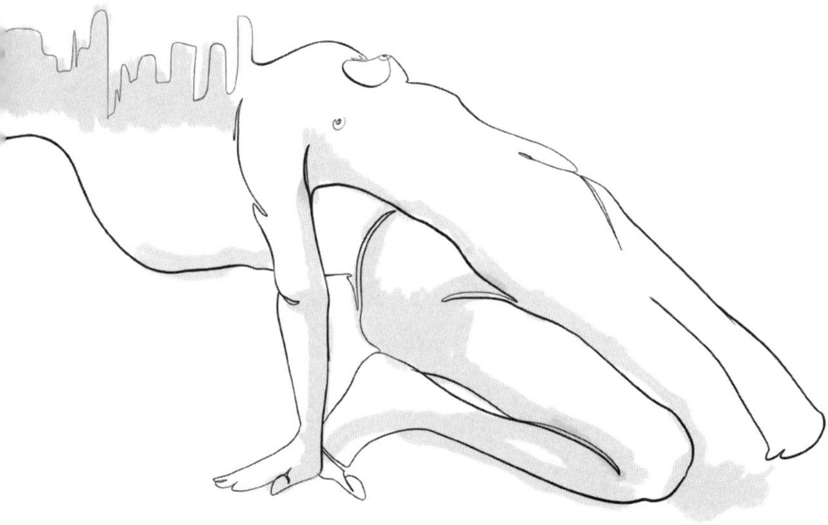

No comprarás un «quédate» a golpe de subasta,
ni harás de mi herida invisible tu altar improvisado.
No te abriré las puertas de todo,
te dejaré una grieta pequeña
a la altura de mi boca
donde quepas con esfuerzo.

Estoy flotando en ti,
encerrado en el acuario de tus pretensiones,
escalando el muro imposible que ha construido
mi desgana entre tus ganas y mi sexo.

A mí lo único que me importa de mí
es el acento a ti
de todo lo que provocas.
/El olor de mi piel cuando me deshabitas/
/Mi lucha infinita contra tu ropa/
/El rastro que dejan el paso de tus uñas, que lejos de pasar,
conquistan/
/La manía del rojo de tus labios cuando desaparecen con los míos/
/La forma que tienes de convertirnos en incendio/
/La forma que conquistamos al mirarnos/
/La forma de nuestra forma/
/Tu forma/

/El olor de tu sexo con el mío/
/El sinsentido de mi sexo sin el tuyo/

Podría escribirte aquí
de cada segundo
la eternidad que me supones,
pero vuelas efímera
/te vas/
como el aire que pasea tu boca.

Petricor

El olor de la tierra seca después de la lluvia,
pero ya no sé quién es tierra y quién agua,
o quizá ambos nos convertimos en desierto.

Fuiste paz antes del terremoto.
Conseguiste/
a través del cemento que recubre
la piel de mi pecho
construir una ventana con vistas
a cualquier lugar
donde poder encontrarme.

Domesticar este poema
para que aprenda a gritar tu nombre.

A propósito de Panero

No fue mi sexo lo que en mi sexo buscaste,
sino salvar tu alma.

Estás recogiendo fracasos,
convirtiéndolos en flores que amanecen
de tu pecho,
recordando que cualquier día
puede ser primavera.

¿Cuántas veces he de convertir
mi piel en papel
para que dejes de romper
cada palabra que me define?

Me gustaría navegar por tu palabra y por tu verbo,
nacer de tu boca con el sonido que respiras,
disolverme en tu eco,
acariciar tus manías.
Me gustaría ser mi nombre cuando me llamas,
habitar el espacio de tus dientes al pronunciarme.

Ahora que has desconquistado
el imperio de nuestro abrazo
y que la piel que fue soldado
en la batalla de nuestro sexo
se ha convertido en aire,
ahora por fin mi voz
duerme en tu silencio,
en el regalo inasible de tu despedida.

Cuando ya no tengas fuerzas
pienso convertirme en invierno,
llover sobre la grieta seca de tus pasos,
reducirme a simiente,
declararme culpable,
pintar con saliva palmeras de agua
sobre el borde de tus labios.

Que sea nuestro abrazo quien dibuje en la noche
el Skyline de tu cuerpo sobre el mío.

Este es mi adiós.
/Quédate a pesar de la tormenta/

/Tu vuelo/ que cada día es una canción diferente.
/Mi vuelo/ que gracias al tuyo es mucho más alto que la costumbre
de ir a ras de mi desgracia.

Ahora que nos hemos ido de nosotros
he intentado meter en cajas de cartón
los recuerdos que se han convertido en cuchillo/
y tengo las manos sangrando de pena,
luchando porque nuestra ecuación
no vuelva a resolverse en cero,
pero mis ojos ya no conocen otro número,
cero/
ese es el espacio que ocupamos.

Tienes el mar tatuado en los pies,
y a cada paso una ola,
y en cada beso un tsunami.
Cada agosto una batalla de cuerpos
deseando navegar por la infinidad de tu vientre.

A propósito de tu boca
no recuerdo
de los besos que nos faltan
cuál de ellos me provoca
estas ganas locas de quemarme.

Me prometiste el cielo
y aquí me tienes,
rompiendo el techo que pusiste
entre tus mentiras y tus intenciones.

Pasear por la calle y ver a una pareja en cualquier terraza
desayunando/se
amando/se
él tropezando/se en la risa de ella,
ella convirtiendo ese café soluble en algo eterno.

Me he convertido en todo
para visitarte de cualquier forma
pero sigo sin verte.

Te sigo echando de menos
y no consigo hacerlo de mí,
pero pintaré estas cenizas
de rojo
y amanecerá una flor de jade
sobre el borde de mi cama,
me lo prometo.

¿Cómo convertir este amor de película en primavera?
¿Cómo hacer que nos suceda el invierno bajo el mismo frío?
Deseo la lluvia como excusa.
Reclutarte como plan imposible.
Entrelazarte entre mis miedos.
Tú gritándole a mi torpeza
y yo/
con estas ganas locas de vivirnos.

A propósito de tu boca
este garabato de mí,
este borrón en cuenta ajena,
este beso que se ha convertido en tristeza
y ya no queda nada,
todo se esfumó con la bocanada negra
de tu adiós.

Imaginarnos desnudos
vistiéndonos de imposibles.

Todo es cuestión de perspectiva
menos tú/
que me enloqueces desde cualquiera de tus ángulos.

Otra vez las siete de la mañana,
el cuerpo lleno de arena,
mi cielo inundado de rojo.
Otra vez tu saliva de sal
y yo que no distingo el límite
entre mi piel y tu abrazo.
Toda esta confusión es sin duda
el poema que deseo,
pero sigo sin encontrarle un fin,
o quizá es tu beso que se convirtió en eterno.

Acabo de levantarme
a la hora donde sigues fuera de todo.
Mi cama se acostumbró a tu huida
pero yo sigo aquí/
envidiando la capacidad de mis sábanas
de escupir tu olor a golpe de lavadora.
Quizá necesite centrifugarme de ti.

Te escribiré como habiéndote perdido,
sintiéndote lejos/
casi inalcanzable/
y entre el hueco de las palabras de este poema que reza tu huida,
esconderé un grito que lleve tu nombre
para que jamás olvides mi voz.

Ojalá fuese otro cuerpo
el cuchillo que no cesa.
Ojalá otra hoja caduca
en la manía de acariciar con su filo
el rojo de esta llaga.

Al otro lado de este mar
no reposa horizonte,
ni agua contra la roca,
ni espuma contra la arena,
ni los pies descalzos de un niño
que conquista su imperio
que no es más que un castillo de aire,
un trozo de nada,
un recuerdo de infancia
donde no sé de dónde
apareció tu olor/
en forma de rayo,
de sol y ceniza,
secándolo todo,
secándome a mí.

Estoy cansado de dedicarte cada poema,
así que te dedico este no poema,
el más feo de todos,
donde nada tiene sentido,
como tú.
Pan, cebolla, árbol, edificio,
paseo, chorizo, un paluego,
un pasiempre, holiiiiiii,
soy súper feliz, cajón,
cartera, coche, moto,
camión, banco, sillón,
si yo, si tú,
uy que te cuelas.

Ojalá este poema
acortase la distancia que hay
entre nuestras bocas
/559 km/
pero esta noche duermes
cerca del mar
y yo te pensaré de lejos,
soportando esta casa
que pierde el hogar cuando tú te marchas.

Estoy escribiendo
en el extremo opuesto del sofá
que tú también habitas.
Estás con tu mirada ilegible,
abarcando el vacío tras la ventana,
ocultando tus pensamientos a cada pestañeo.
Ahora sonríes y entiendo que quizá alguien ha tropezado
mientras pasea,
o que una hoja ha caído sobre la calva de
Antonio, el vecino de abajo.
Pero recuerdo que amas el corazón de tiza
que quién sabe quién pintó en la pared que se
ve desde la terraza, y me parece la mejor
excusa como motivo a tu sonrisa, así que
invento que inventas una historia de amor
sobre la pared manchada.
Y yo sonrío, casi aturdido,
sin entender muy bien por qué no dejo de
escribir de una vez y me acerco a besar la
boca que provoca este poema.

Dormirme entre tus rarezas
para disolverme en ti,
confundir mi olor con el tuyo,
entender todo este caos a través de tu piel,
no por encima de ella,
a través,
dentro,
para encontrarme con el
verdadero significado
de tu sexo.

Ojalá me mirara con los ojos
con los que tú me miras
cuando afirmas que soy capaz de todo.
Pero esta angustia que no cesa
acabará por hacerte marchar.
Y no habrá pie que se interponga,
no habrá charco que resbale,
entenderé para disolverme en tu motivos
que harás lo que yo ya hice hace tiempo,
irme de mí.

¿Qué abismo estúpido dibuja nuestro orgullo que no somos capaces de acortar el tiempo que nos separa?

No encuentro otra forma que tu forma.
De salvarme.

Todo lo que tiene que ver con tu nombre,
consonantes y vocales,
la tinta con que lo escribo,
mis labios al pronunciarte,
el viaje de mi saliva al llamarte,
todo,
hasta el silencio que sucede tras el grito
está lleno de la vida que se escapa,
la del barro y la magia.

En la falta de luz,
de ruido
y de noche
apareces tú
/desnuda/
abrigándome los miedos,
arrancando mi odisea.

He aprendido a respirar despacio
y en el camino entre tu mundo y mis pulmones
libero la batalla de mi ego,
desato mi desgana,
descanso de ira y de cabreo,
y ahí me encuentro
solo/
en un lugar alejado de todo aquello
que terminó de rompernos.

Tienes un ejército en los dientes que me arranca la piel a cada amago de huirte.

En esta guerra mundial
somos
la sangre y el fuego,
el grito,
las banderas,
todas las balas y también la tierra,
la mezcla que termina en barro,
la bota rota,
la cabeza abierta,
sin bandera blanca,
sin voz y sin fuerza
también somos el último esfuerzo.
Pero aquí estamos,
a pesar de nuestra herida,
sosteniéndonos,
apostándonos,
decidiéndonos,
a pesar de nuestra herida,
aquí estamos,
tú y yo,
de pie.

Encontrar en ti el refugio de lo inevitable.

A nosotros no se nos acabó el amor,
nosotros paramos el partido con medio
mundo gritando nuestros logros,
salimos a puñetazo sucio dejando la casa
vacía,
con todos los recuerdos quemados de rabia/
con todas las promesas hechas ceniza/
con todos los te quiero pisoteados,
pisoteados,
pisoteados.
Poco a poco nos retorcimos enteros y nos exprimimos
hasta dejarnos vacíos de significado,
y cuando cayó la última gota del bote podrido de odio,
fuiste con prisa a odiarme en brazos de otro
y yo desesperadamente fui a buscarte en noches eternas.

No hay verbo que defina
la torpeza de la acción que me define,
la de acercarme a tu vacío
lleno de esperanzas
que esperan demasiado.

Nos imaginamos construir un futuro tan inmenso
que perdimos de vista la grandeza de lo cotidiano.
Si te hubiese abrazado antes de echarte en cara/
Si un beso hubiese sucedido después de tirarte el café ardiendo/
Si nos hubiésemos escuchado aun sin entender la tristeza del otro/
Si no hubiésemos dejado de bailar nunca cada vez que entrábamos
a casa después del trabajo,
quizá hoy seguiríamos amándonos como el primer día.

Si hubiese tenido el valor
de entender la libertad
como una capacidad y no como un derecho
hoy te amaría sin barreras.

Si cada paso es pedirle permiso a la tierra que pisas,
mi voz se convertiría en susurro de lluvia, en lágrima viva
de tus ojos que miran mi desgracia y la besan.
Si cada vaso es pedirle permiso al agua que arrojas
de tus labios que bebo tu miseria y se marcha por mi lengua
que arrasa, los míos serían manos mojadas por tu abrazo desnudo.
Si cada mano es pedirle permiso a la piel que conquista,
me declaro insolvente de las ganas si quieren huir de la tuya.
Si cada miedo es muro de piedra que grieta no deja a grito que
    ahogue
el terror que supones, yo me convertiría en valor suficiente
sin toque me queda tu aliento si marchas.
Si cada noche es echar de mi cama el «te» que completa la
    palabra que dice
hoy no te vayas, me declaro intocable de menos tu nombre
echo si me callas.

En el amor después del amor me quedo y te quedas.
Yo convertido en la portada azul
y tú en las letras amarillas tatuadas sobre mi lomo.
Yo convertido en la palabra imposible y tú en la voz
que hace legible mi desorden.
Vertidos, convertidos y revestidos de un poema
con forma de escondite.
Vertidos, convertidos y revestidos en un poema
que juega a no encontrarnos jamás.

Y de repente el perro de mármol del escaparate
se convierte en ladrido/
y tu voz me persigue
y la mía tropieza,
y mi mano que tiembla agarra un suspiro,
toca a tu puerta/
pero la habitación vacía,
el beso vacío,
el sexo vacío,
el abrazo vacío,
vacían las ganas de que seamos.

A PROPÓSITO DEL MUNDO

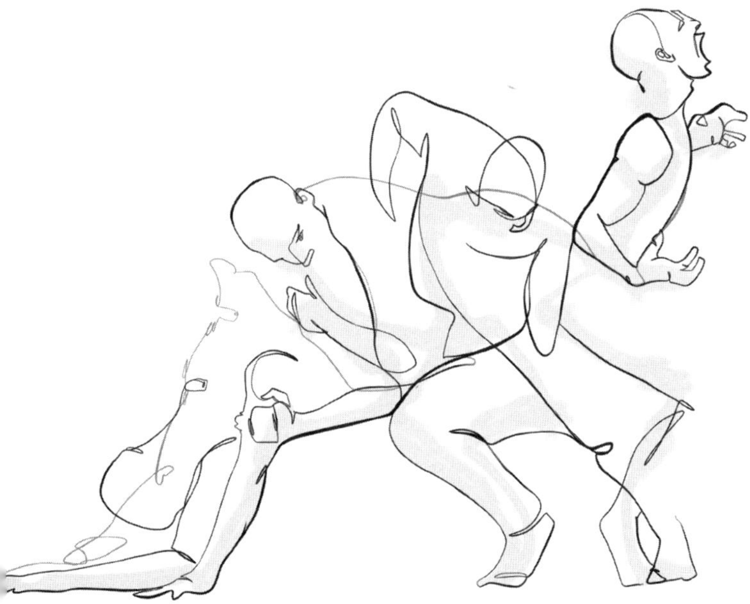

Inventar un nuevo lenguaje con el que pronunciarme

Nací, nací como todos los que estamos, sin mayor dificultad que la que supone el dolor angustioso de un parto, es decir, a través de un gesto violento, una odisea. Fui expulsado a través de un gesto de rabia, entre gritos, sudor y sangre. Escupido a la vida sin preguntarme, echado a los leones sin coraza ni espada, dejando a mi madre en reposo como después de una enfermedad. Traje felicidad a través del sufrimiento, gesté a través de la agonía de nueve meses un acontecimiento milagroso, la vida. Sin dientes, sin pelo y sin conocimiento me incrustaron un diccionario o lengua o tubo de acero que introducido por la boca se me agarró al estómago e hizo estigma en cada órgano de mi cuerpo por el que pasaba, me condicionaron a ese acero que nunca elegí, ancho, hueco por en medio, a través del cual me empezaron a meter el lenguaje. Crecí, crecí como todos los que estamos, recibiendo metralla de palabras y palabras y palabras hasta que aprendí mi lengua, la lengua que me correspondía, la que debía dominar para sobrevivir. Empecé a repetir cada palabra que me habían hecho tragarme, como un loro sin sentido que balbucea lo que escucha. Comencé a relacionarme a través de un lenguaje que no me pertenecía, que no era el mío, pero al que le otorgaba un sentido. Comencé a expresar y comunicar mis sentimientos, mis pensamientos a través de un verbo que ya existía antes que yo. Utilicé lo inventado por otro para definir algo único, mi experiencia. Mi opinión sobre el amor dicha con palabras de otro, mi opinión sobre el café dicha con palabras de otro, mi opinión sobre la amistad dicha con palabras de otro, lo que me apetecía para merendar dicho con palabras de otro, lo que quería ser de mayor dicho con palabras de otro, mis discusiones defendidas con palabras de otro, mi ideología planteada con palabras de otro, mi primer te quiero dicho con palabras de otro. Pensar que domino mi lengua, pero ser mi lengua la que me domina. Ser mi lengua la que me limita. La que pone barreras a mis posibilidades. El lenguaje que no elegí me esclaviza, me define. Pero alguna vez voy a tener que decir una palabra nueva ¿no? Alguna vez voy a tener que decir una palabra que sea mía. Alguna vez voy a necesitar tener el coraje suficiente como para dejar de deslizarme por los días sin haber tomado ninguna decisión que me haga responsable de mis actos. Decir con un lenguaje inventado por mí: ¡Basta! Dejar de pasearme moribundo entre las horas y entre la gente, para poder encontrarme solo y hacerle frente a lo que quieren hacer de mí. Soy un puto primermundista acostumbrado a una relación con el placer del bienestar que me ahoga. Mi día es un puto tobogán que me conduce hasta la noche y que se repite sin cesar, donde nada cambia, donde me levanto y desayuno en el sitio de siempre, donde me cruzo con el pobre de siempre que ya por la costumbre no me produce ni pena, que entre obligación y obligación intento acallar las ganas que tengo de reventarlo todo, y que a lo sumo me puedo encontrar con un jefe de mierda que me trata como el culo, pero que si lo pienso bien al menos no me escupe. Encontrar alivio en la desgracia del otro o encontrar alivio en la monotonía de los días, paseando a través de ellos sin dejar que nada nuevo me sorprenda, tan solo es una excusa para autoconvencerme de que no todo va tan mal, que yo he hecho las cosas bien. Ni siquiera me cuestiono que termino el día habiendo rellenado de basura industrial los huecos en los que me da miedo quedarme solo conmigo mismo. Enchufar la caja tonta o convertirme yo en una caja tonta para tragarme cualquier programa de mierda y olvidarme de las cosas que me atormentan, acortar el máximo de tiempo los momentos en los que puedo cuestionarme, acortar el máximo de tiempo posible los momentos en los que puedo autoconvencerme de que las cosas si van tan mal, que ser complaciente con los que me rodean para llevar una vida ejemplar, aburrida e insulsa pero ejemplar, no es hacer las cosas bien. Cortar de raíz y echar a la hoguera los momentos mágicos de soledad en los que puedo encontrar en mí una revolución, un fuego enorme que lo cambie todo.

Mi lengua

Mi lengua
es un volcán de lava azul
que es aire,
que es un pasillo de niebla,
una hoja de hierba arrancada de vida.
Mi lengua,
que es la boca de mi padre,
que ha sido luz y barro,
tormenta y hastío,
es un monstruo de seis cabezas
que arranca
rojo
las inclinaciones de mi sexo
y retuerce en las paredes del pasado
a los niños de mi infancia,
cuando me silbaban desde las ventanas,
cuando me esperaban en la plaza
con las mochilas, o los pantalones rotos,
o las bicicletas, o los sueños, o las esperanzas
o la borrachera del primer cubata de wisky
con sevenup

que dura ya
todavía.
¿Qué haré con mi lengua ahora?
¿Dónde esconderé mi lengua ahora?
¿Y qué haré yo con el miedo?
¿Dios, dónde esconderé yo mi miedo?

Sea el camino mío
el camino que mío sea
pero sea mío y mío sea
pero sea mío, mío sea.
Sin tuyo, sin él ni ello,
conmigo, sintigo,
sin todo lo que no sea, no mi,
no mi piel, no mi pelo, no mis pulmones,
ni nariz, ni ojos, ni orejas,
ni uñas.
Sin tuyo, sin él ni ello.
No es en mi si tu camino.
No es en mi si tú y yo camino.
No es en mi si tú jodes mi camino.

Leyendo a Miguel Hernández
me gustaría ser la tierra
que cava con sus dientes,
ser la elegía,
la palabra que escoge,
la forma que solicita su verso.
Leyendo de lágrima mi ojo navegado,
mis manos sin campo,
sin celda ni delito,
me gustaría ser injusticia reversible,
hoja manchada,
el grito enterrado de todos aquellos
que se fueron sin permiso
y antes de tiempo.

Qué paso arrastro
que no alcanzo mi cadencia,
que me tropiezo con mis manos,
que me enredo con los adoquines,
con las aceras/
con las ilusiones/
con las excusas/
con los veranos/
con las gotas de agua
que arrastra el huracán de mis pesadillas.

Un aliento gris que cubre todo,
una mano invisible que me alcanza,
un verso torpe que torpe mundo define.
Una grieta seca que separa,
un saco de penas que chorrean,
una botella de letras rajadas y rajadas y rajadas.
Este es mi mundo,
un puñado de nada,
una flor y un hastío,
todo inundado de rojo.

Yo frente al espejo que no rompo por miedo,
viendo de mí y en mí
las historias que componen mi piel entera/
desmenuzo,
separo y clasifico por brazos,
corazón
y piernas
cada una,
pero me veo vacío
de todo.
Entiendo ahora la necesidad
de cada golpe,
de cada frío,
de cada para siempre que siempre acaba
para abrazar mi tristeza, me abrazo.
Y congelo el momento exacto de deshacer
las ganas de borrar mis huellas.

Nota de un viejo a un niño

Como os veis
me vi,
como me veis
os veréis.

De un programa de la tele

«No te equivoques, compadre,
la vida no es corta, es muy larga,
pero cuando empezamos a vivirla es demasiado tarde».

Tan solo busco asomarme a
una pequeña ventana
con vistas
a cualquier cosa que desconozca.
Una brisa que roce diferente,
otro mar,
otra playa,
un verso que arda
y que definitivo
me haga navegar contra lo corriente
de mis días.

Pues se ha quedao buen día

A propósito de este libro
me pidieron un número X de historias
para cumplir un mínimo de páginas,
pero ni he sufrido tanto
ni me he enamorado en exceso,
así que supongo que hablar del tiempo
también sirve
para liberar la tensión
de un falso poema, ¿no?

Pretendo abrirme paso por la vida
como el bosque lo hace por la tierra.
Pretendo encontrar el espacio donde poder
retorcerme de barro y de lluvia.
Que de mi simiente crezca un huracán
de hojas y de ramas
y un cielo preñado de nubes/
y un pájaro que vuele
sobre los pasos del hombre que camina solo,
buscando la forma de convertirse en árbol.

Mi cuerpo es un país sin estaciones,
un campo seco de siempre la misma tierra,
una tierra que grita cuando sucede una huella,
un hueco en el medio de todo,
un susurro seguido
de un trozo de sol que se apaga.

Estoy sumergido en un río helado
que me aleja del ruido de la ciudad.
En los pies llevo unas zapatillas Nike y mis piernas visten
de Levis, están pegadas a la rutina de todo lo que me mata.
El agua está empujando con fuerza la costumbre que tengo
de dar valor a todo aquello que se esfuma.
Me promete la montaña que de aquí saldré sin prisa,
con el poder de vencer desnudo lo más íntimo de mi cuerpo,
el miedo.

Estoy frente a un camino que descubre el bosque.
Ando en comunión con la tierra que piso.
Pido permiso al barro y a las huellas de
quienes habitan el verde que respiro
para
seguir avanzando entre las ramas sin miedo.
Calma.
Todo es calma.

Una casa amarilla/
un fuego quieto/
una cuna llena/
una mujer con el pecho quebrado/
un hombre con el sueño gastado/
una noche larga
que da paso a la vida
cantando sobre el llanto
de un recién nacido.

La diferencia de escribir a partir del amor o a partir del odio
es que a partir del primero se me rinden las palabras y a
partir del segundo
se me liberan los excesos.

Llevo un tiempo que no dejo de cruzarme
con niños educados para comportarse como adultos
y con adultos tapando las ganas de comportarse como niños,
y me pregunto:
En vez de tanto número, tanto esquema, tanto todo y todo
impostado,
¿no sería interesante enseñar a aprendernos?

La vida no se piensa,
la vida se hace,
se lucha, se gana, se canta, se baila, se ríe,
se llora, se folla, se sufre, se exige, se sueña, se defiende,
se comparte, se celebra, se ama, se odia, se perdona, se pregunta,
sobre todo se pregunta para rajarte siempre por el mismo sitio
por agarrarte siempre a la misma respuesta.

Una reflexión absurda

La forma de trasladarme a los sitios me parece importante,
escoger el medio para desplazar mi cuerpo del
punto A al punto B me parece importante,
respetar con valor el motivo que mueve mi cuerpo sagrado
    desde donde estoy
hacia donde quiero estar me parece importante,
y me parece importante el trayecto,
el trayecto de mi cuerpo en movimiento,
la reflexión de mi cuerpo en movimiento,
ver pasar paisajes que nunca habitaré, pero
que son el medio para llegar a mi meta, otro paisaje deseado.

Poema de la indignación

Nos hemos acostumbrado a que el dolor esté expuesto y
condicionado a la opinión y al valor de la gente que mira
tu sufrimiento desde la barrera, desde el sitio de los cobardes.
Esos hijos de puta le otorgan a tu dolor la categoría de más
o menos válido
según el morbo que provoque.
Y yo me cago en mi vida entonces,
pero me cago literalmente.

Quisiera regresar adentro de mi madre para
que acurrucado en su regazo
ella viviese por mí/
llora
ama
grita
rabia
lucha
soña
    se por mí/
se enfrentara a este mundo que no entiendo por mí.

Dicen de mí que frecuento demasiadas noches
y que los días se me acumulan sin provecho.
Dicen que huyo con facilidad de los problemas y
que desgasto los cuerpos que pasan por mi vida
hasta dejarlos secos del todo.
Dicen que lo mejor de mí es la sonrisa que se me escapa
de las risas impuestas que coloco en los lugares
donde no quiero estar.
Dicen también que mi cara acompaña un misterio
que sucede cuando miro,
como cuando niño,
las cosas que no entiendo.
Que abro sin permiso y me quejo del desorden,
que aprendí a parecer sin miedo, pero la profesión va por dentro,
que grito demasiado y que por eso se me olvidó el lenguaje,
que se me escapan los momentos
por ir en busca de un momento
que mi ambición se ha inventado.

Todo pan y circo

Yo convertido en la bestia domada y privada de instinto, incapaz de arañar sus reproches, sometida a una vara maldita que me oculta su flaqueza. Mis grandes dientes son ahora un saco de piedras que no arrancan sino crepitan como el final de un fuego inofensivo. Mis ojos eran capaces de vislumbrar a oscuras los baches del camino, pero me encontré tropezando con una idea absurda y maldita. Mi pelo, que significaba belleza por el simple hecho de ser, ya solo abriga el rechazo de salir ahí fuera a respirar el aire que respiran, a comer la comida que nos dejan, a sentir bajo los límites de su permisividad, a caminar sobre el camino andado, a reír los chistes que no matan, a soñar en la noche de un niño privado de todo. A veces me gusta imaginar qué harían si nos juntáramos toda esta manada de animales heridos.

Buscar el reconocimiento
de aquellos que solo buscan su reconocimiento
para terminar siendo todo aquello que nunca deseaste
pero teniendo todo aquello que siempre deseabas
no es buena empresa.

Si puedo conmigo puedo con todo, dijiste,
pero si tropiezo en el intento
échame un cable con todo lo que puedas
para vencer todo lo que hay entre yo
y todo lo que me hace pensar que
no puedo con nada.

De Adela a Pepe

Hueles a tierra cuando llegas.
Vistes de polvo, de carrera y caballo.
Vistes de rabia por carrera y caballo.
Sin tiempo para el agua, en la sequía que nos acostumbra,
con toque de queda, con alforjas de prisa, con miedo de palo,
con herradura de pena.
Borras si no te acompaña la lluvia los hoyuelos de las pezuñas en la tierra.
Disimulas si la suerte no nos acompaña la denuncia de las pezuñas en la tierra.
Que no nos vean,
que no nos oigan
que no nos dejan.
Las de tus manos, las grandes, las sucias, las duras, esas que amarran las riendas,
las de la bestia y las de las mías, esas que rastro sí dejan, esas que anuncian
que mi ventana no se cierra por frío que me persiga, esas que tatúan en piel
y saliva que prefiero muerte, que prefiero huida, que prefiero lágrima, vergüenza o castigo.

Tengo mi salmo preparado.
Tengo mi cama preparada.
Tengo mi dolor preparado.
Tengo mi miedo preparado.
Tengo mis pies preparados.

De Adela a Martirio

No es mi amor el que te escandaliza,
es el haber descubierto a través
de la rendija de mi puerta
cómo dos cuerpos desnudos
pueden arder a pesar de la lluvia.

A propósito del mundo esta rabia gigante,
de manos gigantes,
de grito gigante,
de pena gigante.
A propósito del mundo la propia
herida incurable de la mano del
hombre
que ha enmudecido al aire decolorando
el bosque,
secando el mar,
convirtiendo en arena la montaña.

Ya formas parte de todo y por eso a ti,
boca incurable que llagaste más que cualquier otra,
te escribo a propósito del mundo.

De todos los poemas que dejé a medio escribir sin duda me
quedo con este:
Antes de irme se me olvidó decir que

Al final es lo de siempre,
echar a andar y que el camino se haga a través del camino,
y ver cómo ese muro no es imbatible,
ni esa tormenta definitiva,
que otro sol sucederá a este frío
y que tus pasos no determinan siempre tu tropiezos,
que se puede amar la distancia entre tus manos y el suelo
para disfrutar del agua y de la tierra.
Que la pena también se bebe,
que la alegría también se pasa,
que no hay sueño ni pesadilla eterna
y que el legado que dejas es la profundidad
con que amas.

Me busqué incansable en ese laberinto de mí mismo donde de continuo me pierdo entre mis principios y mis acciones. Cómo es posible que me conciba inalcanzable yo a mí mismo, que no tengo otra intención que saberme y aprenderme, que no tengo otro hacer que el de cuestionarme y protegerme.

Tus manos son un fino hilo de hambre que abre paso a
tu boca,
que más que boca es una celda cerrada,
la cadena perpetua de un silencio maldito.
Ojalá supieras convertir tu necesidad en verbo para poner en tu boca el grito que te callan.
Ojalá supieras convertir tu necesidad en piedra para poner en tu mano la justicia que te quitan.
Ojalá supieras convertir tu necesidad en canto para poner en sus oídos la voz del que se ahoga.
Ojalá supieras convertir tu necesidad en lágrima para poner en tus ojos una sal que te cure.
Ojalá supieras convertir tu necesidad en rabia para poner en tu alma el arma que termine.

Yo a Dios lo encontré en la palabra eterna de mi padre.
Lo encontré en mis heridas como volcanes sangrando gritos que rezan los siniestros por cada oído.
En todos los lugares escondidos de mis ojos aparecía sin remedio, arrasando mis preguntas como un rosario de balas perdidas que se han encontrado en mi boca y han convertido mis dientes en un descampado yermo de respuestas.

Llevo dos semanas levantándome a las ocho de la mañana, desayunando fuerte, comiendo medio, cenando poco. Llevo dos semanas haciendo mucho deporte (mucho significa lunes, miércoles y viernes). Llevo dos semanas con menos crisis, menos tabaco, menos alcohol, menos noches, menos incendios, menos grasa saturada, menos gente saturada, menos tele, menos de todo lo que mata así en general. He de reconocer que este cambio me está viniendo genial para mejorar mi estabilidad emocional, mi estado de ánimo y rebajar mis idas de olla, así que voy a volver a mi rutina de antes no vaya a ser que no termine nunca este puto libro.

Aquí me encuentro, frente a mis letras, intentando encontrar en cualquier esquina de este libro que ya es una crisis, ya un verano terrible, ya un accidente incurable, un motivo valiente para adjuntar archivo, adjuntar coraje, adjuntar mi pensamiento, adjuntar mis precedentes, adjuntar mis excusas, adjuntar mis historias, adjuntar mis mentiras disfrazadas, adjuntar mis verdades edulcoradas y pulsar el botón de enviar/me.
Quien no lleve mal las despedidas es un cretino.
Voy.

Ah,

una última cosa.

Todo lo que viene después de este libro

es

mentira.

Todo lo que viene después del sueño

es

mentira.

Todo lo que viene después del sexo

es

mentira.

Todo lo que viene después de un te quiero

es

mentira.

Todo lo que viene después de la guerra

es

mentira.

Todo lo que viene después del hambre

es

mentira.

Todo lo que viene después de una noche eterna

es

mentira.

Todo

es

mentira.

Incluso nosotros.

Así que todo irá bien.

Jaime Lorente, 1991, Murcia.

Mi madre cuenta de mí que desde bien pequeño siempre mostré mucho interés por todo aquello que tenía que ver con el arte. Yo eso no lo recuerdo, pero bajo la palabra de mi madre siempre estará la confianza de un hijo agradecido.
El teatro, mi gran amante, me hizo estudiar Interpretación en la Esad de Murcia, y pese a que casi toda mi carrera está absolutamente marcada por los escenarios, las tablas y los focos, se me conoce más por papeles televisivos como *La casa de papel* y *Élite*.
De la poesía recuerdo que llegó de las primeras, ya cuando le pedía a mi hermana mayor que me escribiese algunas letras para fardar de poeta en un 1B de primaria. Después la inocencia se convirtió en la única manera de dar forma al bendito caos que rondaba por mi cabeza, y hasta hoy, que no tengo mucho más que contar de mí que esto, no más que un puñado de letras.